Moriz Haupt

Von dem übelen Weibe - eine altdeutsche Erzählung

Moriz Haupt

Von dem übelen Weibe - eine altdeutsche Erzählung

ISBN/EAN: 9783743487093

Hergestellt in Europa, USA, Kanada, Australien, Japan

Cover: Foto ©ninafisch / pixelio.de

Manufactured and distributed by brebook publishing software (www.brebook.com)

Moriz Haupt

Von dem übelen Weibe - eine altdeutsche Erzählung

VON DEM ÜBELEN WEIBE

EINE ALTDEUTSCHE ERZÄHLUNG

MIT ANMERKUNGEN VON MORIZ HAUPT

AN GUSTAV FREYTAG.

Die erzählung von dem übelen weibe ist durch die grosse für den kaiser Maximilian den ersten besorgte Ambraser sammlung aller deutscher gedichte erhalten und wie sie in der handschrift steht in dem anzeigeblatte des vierundneunzigsten bandes der Wiener jahrbücher der litteratur abgedruckt worden. sie gehört der zeit der noch nicht abwelkenden mittelhochdeutschen dichtung. eine nähere bestimmung ist nicht möglich. denn dass der ungenannte dichter, dessen heimat ich in einer anmerkung p. 71. zu begrenzen versucht habe, sein märe später als Wolfram von Eschenbach den Parzival dichtete ergiebt sich zwar aus einer anspielung, aber dies hilft wenig, da wir auch ohne diese hindeutung das gedicht nicht in den anfang, sondern in die mitte oder in die zweite hälfte des dreizehnten

*jahrhunderts setzen würden. in seiner art ist es
von grosser vortrefflichkeit, gewandt und lebendig
in der sprache, die manches seltenere und leider
auch einiges mir unerklärbare enthält, anziehend
durch die menge seiner hinweisungen auf gedichte
der höfischen poesie und der deutschen heldensage.* p. 52.
*schon vor jahren habe ich es deshalb aus seiner
verwahrlosung zur ursprünglichen gestalt zurück-
zuführen gesucht und hinzugefügt was mir zur
erklärung dienlich schien und zur hand lag. die
kleine arbeit hervorgeholt und herausgegeben zu
haben wird mich nicht gereuen, wenn Sie, lieber
freund, daran freude finden. auch ernste und
grosse zeit gönnt wohl eine stunde in der man mit
behagen die lustigkeit eines fernen jahrhunderts
betrachten mag.*

Berlin am 1n Mai 1871.

M. H.

VON DEM ÜBELEN WÎBE.

Ez was ein süeziu stunde
dô got der ê begunde
dâ mite der man und sîn wîp
beide sêle unde lîp
5 vor gote süln behalten
und des himelrîches walten.
phlegent sî der rehten ê,
sô wirt in an der sêle wê
nimmer in der helle grunt:
10 daz ist mir von den buochen kunt.
got si es gelobt, mit mîner konen
wil ich niht ze helle wonen.
ez mac wol wesen ein lîp
beide ich und mîn wîp.
15 seht ob daz si ein triuwe:

mîn freude ist ir riuwe,
ir riuwe ist mîn wunne.
got uns beiden gunne
daz wir müezen lange leben.
20 ir wart vil nâch mit mir vergeben:
dâ wider gap sî mir ein tranc,
daz mir naht und tac lanc
ist die wîle ich hân den lîp.
die vergift gap mir mîn wîp.
25 dô ich bî ir unz an den tac
niwan die êrsten naht gelac
(gote wil ichz immer klagen)
dô wart ein phannel dar getragen
mit eiern in dem smalze.
30 daz was mit einem salze

gesalzen, heizet riuwe:
daz smalz was untriuwe,
diu cier angest unde nôt.
dar zuo truoc man uns ein brôt
an daz bette zuo der phannen:
daz was grînen unde zannen.
man truoc uns bêden ein môraz,
dâ von giene vil swinder wâz:
ez was getempert in ein vaz *getempervirt*
beide zorn unde haz,
dar zuo gewerre unde nît,
beide hazzen unde strît.
daz selbe trinken trunken wir.
von dem trinken bin ich ir
noch hiute vint und sî mir sam

und immer mêr ein ander gram.
daz wir zesamen komen sin
dar an hât 'mîn trâhtin'
gewendet allen sînen vliz.
50 und spriche ich swarz, sî sprichet wîz;
spriche ich wîz, sî sprichet swarz.
nû hüete umbe den nacsnarz
swer êlichen neme ein wîp:
daz râtet im mîn tumber lîp.
55 er hât unheiles sich versehen,
geschiht im sam mir ist geschehen.
si ist mir ein leider nâchgebûr.
spriche ich guot, sî sprichet sûr;
spriche ich sûr, sî sprichet guot.
60 wir haben ungelîchen muot.

seht ob daz sî ein rehtiu ê.
swaz mir tuot wol daz tuot ir wê;
daz ir tuot wê daz tuot mir wol.
swenne ich bî ir tûren sol,
65 sô tæte sanfter mir der tôt.
spriche ich gel, sî sprichet rôt;
spriche ich rôt, sî sprichet gel:
spriche ich laz, sî sprichet snel;
spriche ich snel, sî sprichet laz.
70 alsô trage wir immer haz, 215ᵇ
ich gên ir und sî gên mir.
slah ichs einest, sî slcht mich zwir.
swaz ie daz ander tuot
daz dûnket uns dewederz guot.
75 sî ziuhet hin, ich ziuhe her.

wâfen hiute und immer mêr
der nœte die ich hân von ir!
dâ mite sî lîden muoz mit mir.
spriche ich guot, sî sprichet übel:
80 spriche ich krump alsam ein swübel,
sî sprichet reht alsam ein zein:
spriche ich herter danne ein stein,
sî sprichet weicher danne ein blî.
seht wie ein sellschaft daz sî.
85 sprich ich ein wort, sî sprichet drîu;
gên vier worten sibeniu
kan sî unnützes klaffen.
unsælic sîn die pfaffen,
der bâbest, die kardinâle,
90 sine erlouben zeinem mâle

wandel iegelichem man.
swie ich der buoche niene kan,
ich hân doch tiutsche gelesen
ez möhte ein man sus baz genesen.
95 behalten sêle unde lîp,
danne ob er ein übel wîp
sol haben unz an sînen tôt.
daz sint zweier hande nôt,
der sêle und ouch des lîbes:
100 des sînen übelen wîbes
freut er sich niummer halben tac:
und dar zuo der sêle slac:
der vergizzet er vor zorne;
des ist sî diu verlorne.
105 und hiezo mich nieman affen,

sô wolte ich mit den pfaffen
gerne zallen zîten
um die wârheit strîten,
swaz aber ich dar umbe erlite,
110 daz mich des nieman überstrite,
pröbst abbet und pharrære,
michel bezzer wære
sô getâniu ê verkorn
dan mit übelm wîp din sêle verlorn.
115 ich rede ez niht von mîner nôt:
dem selben wære ein kurzer tôt
noch bezzer snellîchen erliten
danne ob er in riuwen siten
müeste leben drîzic jâr:
120 wande er in riuwen vâr

sich nider leget und ûf stât,
in riuwen sitzt, in riuwen gât,
in riuwen slæft, in riuwen wachet,
sîn herze in riuwen krachet,
125 in riuwen trinkt, in riuwen izzet;
mit riuwen er vergizzet
swaz im liebes ie geschach;
sîn riuwe ist aller riuwen dach,
sîn riuwe ist aller riuwen
130 gruntveste entriuwen;
ich wil im riuwe senden
neben hinden vor inwenden.
swer mit übelen wîben nôt
sol haben unz an sînen tôt,
135 der selbe klage mir sîn leit;

sam tuon ich in mîn arbeit:
sîn herze ensî von steinen,
mîn nôt muoz er beweinen.
sît er ist mîn geselle,
140 hœre waz ich im klagen welle.
swaz ich wil daz wil sî niht,
swaz sî wil daz geschiht
mit mînem willen selten.
und möhte ich ir vergelten
145 daz zehende leit daz sî mir tuot,
ich wære immer wol gemuot.
swenn ich mit ir gemeln wil,
sô slcht sî mir slege vil
ûf hende und ûf die knübele,
150 sô rehte gruntübele

als ich wæn ieman wizze.

swaz ich gerne izze,

durch nieman sî daz æze.

so ist sî sô muotes ræze,
155 ob sî worden wære ein man,

noch küener wærs dan Asprian.

dâ wider hân ich einen muot,

allez daz sî dünket guot

daz ist mir gar ein galle.
160 seht wie iu gevalle

unser beider ordenunge.

sî giht ez gê von sprunge

und sî ein anegenge;

sî wart mir nie sô strenge,
165 sî werde mir noch strenger.

mir wart daz phat nie enger
daz mich gên freuden leitet;
die strâze sî mir breitet
diu mich gên riuwen wîsen sol.
170 und was mir etewenne wol
und hâte an freuden werdekeit,
daz ist ze spelle mir geseit.
swer mit übelen wîben
die lenge wil belîben,
175 ich 'gelîche' ir eines swære
'für' eines marterære,
der durch gotes willen
sich hie bevor liez villen,
und ûz des hût man senewen sneit,
180 und die marter ûf dem rôste leit,

durch den man schôz die phîle
und die îsenînen kîle
sluoc durch fuoz und durch hant,
und den man durch die reder bant.
185 swie man in briet, swie man in sôt,
iedoch was ez ein kurzer tôt
und nam ende in einem tage.
nâch der buoche meister sage
habent sî ditz kurze leben
190 um daz êwige gegeben
und sint der engel genôz.
ir marter wart nie sô grôz,
disiu sî verre
græzer unde merre.
195 swer ein übel wîp hât,

er liget, sitzet oder stât,
er slâfe oder er wache,
er lebt mit ungemache.
 wol in wart der sô gevert
200 daz im ein wîp ist beschert
dar nâch als im sîn muot gert.
den hât got vil wol gewert,
der mac die sêle wol bewarn,
wil er mit reinen zühten varn
205 hie in disem libe
mit sînem guoten wibe.
tuot er allez des si gert,
ob si in des hin wider gewert
mit triuwen nâch dem willen sîn,
210 daz ist der geloube mîn,

(diu rede ist gar unlougen),
die varnt in Abrahâmes schôz.
dâ Lucifer und sîne genôz
215 wurden von verstôzen
dô er sich genôzen
wolte dem oberisten got.
swelch wîp ir mannes gebot
behaltet an ieglîcher stete,
220 und tuot er gar nâch ir bete
willielîchen als er sol,
die lebent mit ein ander wol.
ob si vor valsche ist behuot,
hât ér sô manlîchen muot
225 daz er sîne sinne

wendet von der minne
diu üppic und mit sünden sî,
sint sî des bêdenthalben frî,
ist ez in gar unmære,
230 für einen klôsenære
lobe ich ir beider lîp,
den guoten man und sîn wîp.
ir beider riuwe, ob diu sô stêt
daz diu sîn durch ir herze gêt
235 und diu ir hinwider durch daz sîn,
des gibe ich iu die triuwe mîn,
swer âne got die scheidet,
daz sich der gote leidet.

 diu rede mir leider ist ein spel.
240 sælde diu ist sinewel

dô ich sî mit vlîze bat
daz sî mir ze wîbe
gæbe diu mîm libe
245 wære wol ze mâzen,
daz hât sî leider lâzen
und hât mir ein wîp gegeben
daz bî mir alle die nu leben
immer sint gebezzert.
250 mîn kunst ist vermezzert,
ich wânde ô ich genæme sî
daz nindert zwô oder drî
lebeten alsô guote:
des ist ir unzemuote
255 daz sî bî guoten wîben

mit lobe welle beliben.
maneger sagt von Witegen nôt
(nu vernemt ouch die min durch got)
und sagt von Dieteriche:
260 der nôt wac ungeliche
der minen, des ich wæne.
sî vâhten daz die spæne
von ir schildes rande stuben
und sich die breter gar zerkluben;
265 ir helme wurden fiurvar:
dar under in doch niht enwar.
sus vâhten si vil manegen tac,
daz ir deweder nie gelac
tôt von swerte noch von sper.
270 der vaht hin und jener her:

so erholt sich diser des hinwider
und sluoc den andern ûf diu knie.
si vâhten alsô daz si nie
275 von swertslegen wurden wunt.
diu nôt der minen ist unkunt.
ich biu wol fünf und vierzic stunt
von minem wibe worden wunt.
âne stôzen gên dem krophe
280 und roufen hâr ûz dem kopfe:
der zühte ist âne mâzen vil;
dâ von ich iu niht sprechen wil.
ich hete niht sie
ganzer tage drîe,
285 ein unzuht si mir nie vertruoc:

mit einem knüttel sî mich sluoc
ob den ougen durch daz hirn
niwan umb ein gebrâten birn.
die zukte ich ir ûz einer gluot:
dô sluoc sî mich daz mir daz bluot
ûf die füeze nider ran.
niwan daz ich ir entran,
ez wære gewesen dô mîn tôt.
daz ist von ir mîn êrstiu nôt.
swenne ich nâch gewinne var
so ist durft daz mir der mûsar
über die strâze fliege
und mich des niht triege.
ob ich ir niht enbringe,
lanc breit ist ir swinge

und ist hagenbuochîn;
die sleht si durch daz houbet mîn.
daz selbe tet sî hiure.
so getân âventiure
305 wârn herren Walthern unkunt
dô er und mîn frou Hiltegunt
fuoren durch diu rîche
alsô behagenlîche.
vernemt durch iuwer höveschcit,
310 daz ist von ir mîn ander leit.
sî saz eins tages unde dahs:
dô viel ein wênigez vahs
in die gluot ûf einen kolen.
von ir zorne muoste ich dolen
315 grôzen schaden âne frumen.

sî sluoc ze zwein hundert drunen
daz schît über mînen koph,
daz ich gie umbe als ein toph
und sturzte ir under füeze nider.
320 dâ lac ich lange ê daz ich wider
mich kûme ûf gerihte.
si nam ze mîner sihte
in die hant daz reige schît
und sluoc mir eine wunden wît
325 mit dem dehsisen.
durch nôt muoz ich grîsen
und alten ê mîner tage.
daz ist von mir mîn dritte klage.
ez ist noch ein kindes spil
330 dâ wider, ich nû sprechen wil

von dem vierden kamphe.
daz geschach bî einem stamphe,
dâ lac inne brîe.
dô hiez ich niuwen sie.
335 dô sprach sî 'nu niu ouch duo.'
ich sprach 'jâ niuwe ich iezuo.'
dô sprach sî 'waz ist umbe diu?
stant ûf balde unde niu.'
ich sprach 'nein ich entriuwen.'
340 sî sprach 'jâ muostu niuwen.'
vor grimme ich die hende krampf
und trat oben ûf den stampf.
vor vorhten und vor riuwen
muost ich den brîen niuwen.
345 ich hete in baz genouwen,

hetes mich niht zeblouwen.
daz ich niht gnotes nou
daz was des schult daz sî mich blou.
ez erwande ir bliuwen
350 an mir vil schœnez niuwen.
welt ir nu merken hie zehant
waz mich des niuwens hât erwant?
ich bat sî treten hinder mich:
sî sprach 'ich lieze ê hâhen dich.'
355 dô sprach ich 'daz wirde et duo.'
zehant griffen wir dar zuo.
ich begunde zücken
den schürstap, sî die krücken.
ich wil niwan der wârheit jehen,
360 sî liez mich nie ûf gesehen;

mit swinden slegen sî mich treip,
unz ich bî der tür beleip.
iedoch gap mir got die maht
daz ich alsô hinwider vaht;
365 ich sluoc slac nâch slage
(ez ist wâr daz ich iu sage)
daz ich sî treip unz an die banc.
zehant tet sî den widerwanc.
'lâzâ nâher rücken!'
370 dô vazzte sî die krücken
vaste in beide hende;
sî sluoc mich ûf die lende.
den andern slac sî erreit
(daz was mir dô und immer leit)
375 und traf mich hinden ûf den bürel

daz mir enpfiel der ovenstürel.
sî sluoc io den andern slac
daz er für den êrsten wac,
unz sî mich treip an den oven.
380 dâ strûchtes über einen schroven
und sluoc mir der krîcken ort
durch daz houbet daz ich mort
vil nâhen von dem slage was:
doch half mir got daz ich genas.
385 Tisbê unde Pyramus
gevohten wênic habent sus,
die sich durch minne stâchen
und enwesten waz sî râchen.
der site ist nu verkêret:
390 des sî got immer gêret:

bî diser zît ligt nieman tôt
von minne noch von senender nôt:
der rîche senet sich umbe den wîn
mêr dan nâch der frouwen sin;
395 sô hât der arme senende nôt
tägelîchen umbez brôt.

ich gedâhte in mînem muote
'herre got der guote,
sol mir ein wîp an gesigen,
400 und vor ir sigelôs ligen,
daz ist schade unde scham.'
ein schît ich ab der âsen nam —
dô was ouch ir diu krücke enzweiȝ,
sî nam daz lenger drumzei, —
405 und vâhten eine schanze;

ich wær bî einem tanze
die wîle michels baz gewesen,
od ich hiete tiusche gelesen
von dem werden Parzivâle,
410 ê daz ich die quâle
von ir slegen hiete erliten.
alsô vil wênic hât gestriten
Erec mit frowen Ênîten
mit prügelen und mit schîten.
415 hœret aber alsam ê.
dô ergienc wê unde wê
von mînem wîbe und von mir.
si traf mich; daz galt ich ir.
si sluoc slege ungezalt;
420 vil kûme ich ir den dritten galt.

ir spil stuont ze allen gelten;
ich verbôt ez vil selten.
sî trat mir zuo mit île,
sî liez mir nie die wîle
425 daz ich ez einest hiet verboten.
sî hiez mich dicke zohenkroten,
daz ich mich torste gewern.
sî sprach 'jâ kan dich niht ernern
vor mir, wan ich dîn meister bin.'
430 zehant warf sî die krücken hin
und underlief mir daz schît
(daz klagte ich dô und immer sît)
und sluoc mir einen mûlslac
und warf mich rehte als einen sac
435 bî dem hâre under sich.

si kratzet unde sluoc mich
mit der fûste in den munt.
sô getâniu minne unkunt
was dem herren Ênêas
440 dô er von Troye komen was
ûf die burc ze Kartâgô
zuo der frouwen Didô.
sit ich ir êrste künde vie,
sit des selben tages nie
445 ir hazzes gegen mich zeran.
si saz eins âbents unde span:
ich was von einer hôchzît komen;
dô si daz hete vernomen,
gegen mir si balde lief,
450 mit den armen si mich umbeswief,

si wânde deich ir brælite guot: — 249.
des truoc si mir sô holden muot.
si kuste mich mêr danne zwir,
si sprach 'wis gote unde mir,
455 trûtgeselle, willekomen.'
dô si daz hete vernomen
daz ich ir niht brâhte,
zehant ich ir versmâhte;
si lie die hende slifen dan
460 und sach mich harte dwerhes an.
alrêrst ich mich versinnet
daz si mich sêrer miunet *f. 71.* 216ᵃ
um min guot dan umbe mich.
si spranc vil übellich hinder sich,
465 'war umbe hâst du mir niht brâht?'

und ist dir ninder des gedâht
wes ich sol leben und diniu kint?
wærens künege die hinne sint,
du geniuzest ir sô kleine
470 sam ob wir wæren eine.
du enphindest mîner tücke.'
si vienc daz überrücke
und swanc ez von der hende
alsô daz ich den ende
475 vil nâhen het aldâ genomen,
und wærez an die want niht komen.
doch traf mich der rocken ort,
swie verre ich sæze von ir dort,
alsô sêre an den giel
480 daz mir der gloube gar enphiel.

sus gelac ich bî der wende.
mit ir wîzen hende
Îsalde, der Sælden krône,
diu sich ie vil schône
485 behüetet hât vor schanden,
jâ wæne sî Tristranden
selten sluoc mit rocken
noch gezogte bî den locken
ûf die füeze nie ze tal,
490 als mich diu mîne âne zal
vil dicke hât geswenket.
swer marterære gedenket
der lâze ouch sich erbarmen
über mich vil armen.
495 welt ir nu hœren mêre

von grôzem herzen sêre?
ich kam aber eines tages,
des wart ich herre maneges slages,
leider guotes lære.
500 dâ von leit ich swære;
die mac ich lange zeigen.
stürb ieman wan die veigen,
sô wære ich tôt vor maneger zît.
hie gât ez ûf einen strît!
505 ez was ir itewîzen
'war abe sol ich enbîzen
od gên dem âbende ezzen?
dîn hât got vergezzen'
sprach sî 'vor mîner hende.'
510 dô zucktes von der wende

ein liehtschît, daz was swære.

hie gêt ez an ein mære.

dô wart lachen tiure.

doch gap mir got ze stiure
515 ein cichîn übersticke
und einen stuol der dicke
was und niht ze swære:
der wart mîn buckelære.

mir wær dô schade gewahsen
520 niwan daz ich ze Sahsen
wîlent lernte schirmen.

sî liez mich nie gehirmen.

den stuol ich dicke für mich warf:

doch sluoc sî mich daz ich mich snarf
525 bî dem buckelære,

swie nütze et er mir wære.

hiete meister Hildebrant

sô sêre verhouwen schildes rant

als sî mir den stuol zersluoc,

530 daz wære et im vil unde genuoc.

sî ist her Dieterîch ze mir:

ouwê daz ich gegen ir

niht her Witege werden mac;

sô gülte ich ir den dritten slac.

535 mit slegen tet sî mir vil wê,

noch drîstunt dicker dan der snê

ûz den lüften erhebet sich.

mit dem schîte sluoc sî mich

ûz disem winkel hin in jenen,

540 sî kunde slac nâch slage denen,

sî sluoc mich hin, sî sluoc mich her,
mit slegen treip sî mich entwer,
sî sluoc mich wider unde für,
sî sluoc mich ûz zuo der tür,
545 sî sluoc mich verre in den hof.
ez gesluoc nie kein bischof
den sünder sô gedîhte
mit besmen an der bîhte
sô sî mich mit dem schîte sluoc.
550 sî sluoc daz ͑ie der᾽ slac truoc
slac nâch slage über rugge.
ich hete dâ ze Insbrugge
vil guoten Bôtzenære
getrunken für die swære
555 und für die grôzen arbeit

die ich von ir slegen leit.
dô si kam an die wîte,
si trat mir mit dem schîte
mit slegen zuo ie baz unt baz.
560 mîn selbes ich doch niht vergaz;
ich begunde zecken
hinwider mit den stecken,
unz ich si treip an den stadel.
zehant wart ich âne wadel
565 die widervart gelecket.
ir slac unsanfte smecket:
des wart ich vil wol gewar.
si sluoc mir ûz dem stuole gar
der vier stecken drîe.
570 (solt ich niht fürhten sie,

sô wære ich ein tôre)
der ein fuor an mîn ôre,
daz ez dar nâch vil lange sanc.
der ander stecke nam den swanc
575 daz mir diu nase bluote.
got vor schaden mich behuote.
der drite fuor an mîn kinne.
alsô getâner minne
wârn die gelieben erlân,
580 Gahmuret und Belakân,
diu dô Feirefîzen,
den swarzen und den wîzen,
gebar von sîner frühte:
sî phlac sô schœner zühte
585 und was sô wîplîchen guot,

bet er durch sînen frechen muot
die dannenvart niht genomen,
er wære nimmer von ir komen.
hie gêt ez an ein strîten.
500 mit prügeln und mit schîten
gesâhet ir sölch vehten nie.
mit drischelslegen ez hie gie.
ich hetez nâch, sî hetez vor;
sî treip mich vaste unz an daz tor.
595 daz ich ir slegen niht enpflôch,
daz was des schult, der zûn was hôch,
daz tor was verslozzen,
ein rigel dar für geschozzen.
do gedâhte ich als ein man tuot
600 der beide lîp unde guot

ûf die wâge setzet.
min zorn was gewetzet
gên ir zorne, der was scharf.
vil sœlecliche ich gewarf
605 mit dem stecken ich si traf
daz ir daz bluotige saf
ûz wischte durch ir glanzez vel:
des wart si als ein tôte gel.
ich wânde ich het si nider brâht:
610 des ir doch ninder was gedâht;
si sluoc ûf mich sô dicke
daz mir des fiures blicke
vor den ougen glesten.
mit starken slegen vesten
615 treip si mich gên der krippe

und sluoc mir ein rippe
mitten ûf der brust enzwei.
'lâzâ hin niht' sî dô schrei:
'ez ist ein anegenge noch.'
620 sî vazzte in beide hende dez bloch,
mit slegen tet si mir vil wê,
noch drîstunt dicker dan der snê,
ûz den lüften sûste
sluoc sî mit dem schîte
625 ûf mich slege âne zal.
heiâ wie slac nâch slage hal!
der stuol hete sich zerkloben,
der stuol von slegen wær zestoben,
wan durch den stuol was ein wimmer.
630 sî hete mirz vertragen nimmer

. . . .

wan der stuol, sô het sî mir
daz houpt niwan zerslagen gar.
der stuol was mîn lipnar,
635 der stuol was mîn houbetdach,
der stuol für slege mîn gemach,
der stuol was mîn swertes brief,
den stuol ich dicke für mich swief,
der stuol was mîn bester trôst;
640 wan durch den stuol, sî het belôst
mich des mînen verhes;
wan der stuol, vil dwerhes
wær mîn dinc gestanden;
wan durch den stuol, ze schanden
645 wære ich worden an dem tage:

der stuol nert mich vor manegem slage.
ich lobte den stuol, und kunde ich, baz.
ûf bezzern stuol nie man gesaz,
bezzer stuol wart nie gebort;
650 wan durch den stuol, ich het bekort
von ir slegen den ende.
ich enphie von ir hende
vil bühel unde reize.
der wellegen arweize
655 geschach nie sô wê im kezzel.
einen hirzînen vezzel
den truoc ich niden umbe mich;
den sluoc sî daz er zarte sich
als ein marwez linden blat.
660 gehôrt ir ie der nœte gat

die sî mir tet und die ich leit?

mîn roc, wambîs, noch mîn pheit

mit slegen sî wênic sparte;

daz sluoc sî deiz sich zarte

665 hinden unde vor hin abe.

doch traf ich sî mit dem stabe

niden an den schenkel,

ich sluoc sî ûf daz enkel

daz ez ir nâch was ûz dem lide.

670 zwischen uns was der fride

leider dô vil tiure.

mir galt diu ungehiure

sô gâhes an der selben stunt,

het ich entlihen ir ein pfunt,

675 sî wære mir vil selten

sô willic mit ir gelten.

manic man der schiltet

ob man im niht engiltet:

ich hete si nie bescholten

680 het sî mir niht vergolten,

und hete ez lâzen âne zorn.

sî galt mir hinden unde vorn,

sî galt mir oben unde niden,

daz ez mich swar ûf allen liden.

685 ir enkel sî mit willen galt.

sî sint immer ungezalt,

ir slege ûf mich zewâre.

ez ist in dem jâre

nindert alsô manic tac,

690 noch drîstunt sô manegen slac

sluoc sî mir nâch dem kopfe.
ez gewan nie topfe
von geiseln solhen umbeswanc
als sî mich âne mînen danc
695 mit slegen umb und umbe treip.
gehôrt ir ie wie Dietleip
mit dem merwîbe vaht
den langen tac unz an die naht?
daz leben im nieman gehiez.
700 sî schôz ein stähelînen spiez
breiten unde wessen,
gesmidet von siben messen,
als der tihtære sprach,
in die erde, daz in nieman sach,
705 dô sî sîn wolte râmen.

die Sælde in dâ von nâmen
und sîn snelheit, diu was grôz,
daz si in ze tôde niht enschôz.
daz ich von disem wîbe
710 mit lebendigem lîbe
kam, daz was ein zeichen.
swâ sî mich erreichen
mohte mit der zoehen,
wol über drî wochen
715 moht man die biule vinden
vorne unde hinden.
'sol mich tœten ditze wîp?
nu ist mir guot noch lip
beide ze konen niht gegeben:
720 ich sol ouch fürbaz geleben

einen tac nimmer mêre.
mîne friunde habents unêre'
gedâhte ich tougenlîchen.
ich liez et an sî strîchen
725 mit slegen alsô dicke;
mit einem übersticke
traf ich sî vor an den koph.
sî sprach 'verdeust du disen kroph,
du maht ezzen ungesoten
730 nâtern zagele unde kroten
und alliu eiter trinken.'
ich het den einen schinken,
leider mir, enbaret;
dâ het sî mîn geväret:
735 also ez z'unheile mir ergie.

sî sluoc mir ûz dem zeswen knie
des slages die knieschiben.
sî sprach 'liez iehz beliben
mit dem einen smerzen,
740 vor freuden möhtst du scherzen:
des ich weiz got niht entuon.
ez wirt fride noch stætiu suon
nimmer zwischen uns zwein.
waz von diu, ist dir ein bein
745 von mînen slegen worden lam?
dir geschiht an dem andern sam.
ich slahe dir abe den rücke,
oder mir sol gelücke
daz wilde nimmer mêre
750 gefliegen guot und êre.

ich mache dir sô twerhen munt
daz allen liuten wirt unkunt
ob sî dînen gelîchen
ie gesâhen in den rîchen.
755 alle genâde ich dir versperre.
diu ougen ich dir ûz zerre
sam sî nie dâ gewüehsen.
under mîner üehsen
trag ich dich hin ze Wieuen.
760 und wilt du mir niht dienen
als einer frowen ir eigen kneht,
dîn antlützze wirt sô sleht
sam nie nase kæme dran.'
unser zweier friunde drî man
765 kâmen dort geloufen her

und schieden uns. als ein ber
der an einer lannen strebt,
dem gelîch sî dannoch lebt.
sî phnurrete jenen unde disen,
770 sî gebârte als sî mit einem risen
dannoch hete gevohten.
die drî man enmohten
niht erwenden sie;
sî zuktes alle drîe
775 nâch ir wol vierdehalben schrit.
sî het dannoch ir unsit
vil gerne an mir erzeiget.
mîn leben wart geveiget,
wære au den selben zîten
780 niht gescheiden unser strîten.

man mohte lîhte mich gehaben.
man muoste mich mit wazzer laben
dô ich von dem strîte gie.
ein altez wîp mich gevie;
785 der seic ich under hant ze tal.
ich was bleich unde val:
dar under was diu vilwe
gemischet mit der gilwe.
sus lac ich als ein tôte.
790 ez lief ein kneht genôte
balde hin nâch wazzer:
schiere kom er alsô nazzer.
betoubet lac ich âne sin:
doch gôz er mir daz wazzer in.
795 ich blikte ûf mit armen staten.

sî sprach 'jâ triuwe ich dich gesaten
strîtes wol mit mîner kraft.
væht ich mit al der heidenschaft
sô gar âne sorgen,
600 ich næme dez kriuze morgen.'
dô wir alsô gesniten
wâren unde sus gestriten
den strît zwischen uns beiden,
dô wurden wir gescheiden.
605 sî saz dort, ich saz hie:
diu ougen sî an mich verlie
vil ungüetlîche.
dô sprach ich 'got der rîche,
die nôt lâ dich erbarmen.
610 ouwê mir vil armen!

waz rechet ir, frouwe, an mir?'
si sprach 'hâst du rede in dir?
mich müet din klaffen sêre.
swic. du muost unêre
815 mit schaden laden in daz hûs.'
dô sweic ich alsam ein mûs
und redete dô nimmêre,
wan ich vorhte sêre,
ob ich ein wortel spræche,
820 daz si den fride bræche.

ANMERKUNGEN.

Die handschrift Das puech von dem übeln weibe. 1. *Morolt* 2 ez was ein übeliu stunde dazs an die werlt wart geborn. *Orendel* 1 Alsô guot diu wîle was dô der heilege Krist geboren wart, alsô guot was ouch diu wîle daz geboren wart diu künegin sante Marie. *Klage* 97 diu zît si verwâzen daz sis ie gewunnen künde, 273 man sol undanc der wîle sagen in der diu nôt geschæhe, und daz Krimhilt gesæhe des edeln Sîfrides lîp. *Ernst* 345 gnâde ich mînem herren sage und ouch dem sælcclichen tage und der lieben stunde dô der süeze got begunde daz er von sîner güete iwer werdeclîch gemüete gegen mir armen wîbe brâhte. *im Ruland* 210, 8 *ist zu schreiben* guot wîl was chern 12. wil ich, *meine ich. s. Zeitschr.* 13, 324. 20. *Hahns Stricker* 12, 341 ich klage des rehten wibes leben der mit ir manne ist vergeben. *Ulrich von Liechtenstein* 607, 18 dem wlbe ist mit im vergeben, 624, 4 swelch wip der man muoz einen hân, an der hât sæld niht wol getân: ir ist ein gift mit im gegeben. 22. tag was laung 23. ist] seyt 26. nun 28. phandl 29. *über das morgenessen nach der brautnacht s. Jacob Grimm Rechtsalt. s.* 441. *eier im schmalz hiess dies morgenessen in Ulm nach Schmid Schwäb. wb. s.* 160. 37. *in der quantität des vocales ungenaue reime auch* 75. 257. 733. 39. getemperiert 46 an einander 52. nu hûette sich vmb den nacksnarcz. *nicht hierher gehört was bruder Wernher* 6 J *sagt,* der tôt dem libe ende git alsam dem lieche tuot der snarz, *worüber Hagen MS.* 4, 523 *thörichtes vorbringt. Jacob Grimm, der schon in der zweiten ausgabe des ersten theiles der Grammatik s.* 396 snarz *durch* emunctorium *erklärt, hatte offenbar das* lieche *der hs. richtig in* liehte *gebessert: im englischen heisst die*

lichtscheere snart. dagegen gehört wohl hierher die stelle des Rosengartens 2'. Wolfhart verschmäht Kriemhilts einladung und ihre küsse, sit daz din küniglu hät erdåht ein wunderlichen funt, so habe ich ouch hie heime einen röten munt: dann folgt in der Pfälzer hs. und uns hat entbotten von ir richeit und von iren roten mundelin und nakelin gemeit mich dunckett an den sinnen do louff ein schwartz ich neme lieber beim ein junkfrowe nütlich und swartz; die Strassburger hs. hatte und uns ouch entbotten von einer richeit von iren roten munde ir neckli sint gemeit mich dunckett an den sinnen do löff ein wunderlicher snartz ich minne lieber ein juncfrowe mulest und swartz. eine leidliche fassung lässt sich ohne mühe herausbringen, aber nicht mit sicherheit. sicher dagegen scheint es, dass der snarz der auf Kriemhilts nacken läuft und der nacsnarz unseres gedichtes dasselbe sind. vergleichen lässt sich vielleicht die redensart einen schelm im nacken haben. aber dieses wird deutlich durch Schmeller 3, 358, und einen schalk im nacken haben, was sich schon bei Murner findet, wird entstanden sein als jenes nicht mehr voll und als wortspiel verstanden ward: den snarz am nacken weiss ich nicht zu deuten. *Grimm Gr.* 2, 213 *denkt an* phantasma, *wofür ich nirgends halt finde. in Frommanns Deutschen mundarten* 3, 449 *steht aus einem Berner idioticon*'schnarz, scomma. c schnarz gä, scommate excipere. schnürze, aculeatis verbis uti erga aliquem:' *auch dies hilft nicht weiter.* 64. wann ich bey ir wonen soll. vnns beider trew also wesen sol. *dass hier eine zeile zuviel und nicht etwa eine ausgefallen ist unterliegt wohl keinem zweifel. mir schien ein verschriebenes oder verlesenes* türen *eine zweifache änderung der echten zeile veranlasst zu haben.* 72. ich sy 74. dhainweders 80. swübel *verstehe ich nicht.* krump als ein sichel *Urst.* 110, 4, krumber danne ein sichel *Konrad von Wirzburg MS.* 2, 195ᵇ. 84. wie ein geselschaft. *Ambraser Wolfdietrich* 465, 2 'wâfen' sprach der Krieche, 'wie ein ungefüeger bach!' 87. kan si] kanst. *wie hier* klaffen *steht* 176 marteræré *als genetivus, in Ulrichs Tristan* 1399 anderhalp des bach, *im Walberan* 545 eins burctor, 798 keines smit, *in der Warnung* 222 durch bezzerunge des leben. *Tit.* 263, 2 doch jâmert sie des scheiden. *aber Ilezen im Erec* 8124 *hat seine besondere erklärung.* 90. sy erlaubten zu einem m. 92. pûecher 94. sunst 101. gefreut 5. affen *im accusatirus wie* 426 zohenkroten. 14. weybe 19. müesset 20. und er 30. vntrewen. *Anegenge* 27, 69 er ist ir gruntveste unde ir dach. 33. *der vermutung* übelem wibe *wehrt* 173. 37. ensl] waere dann 47. gemelichen 50. *Helbling* 7, 811 gruntbœse. 56. waer sy 62. ez gê von sprunge, *es hebe sich erst an.* vergl. *Martin zu Dietrichs flucht* 3238. 63. *vergl.* 619. *Gudrun* 721, 2 swaz er ie gestreit, daz was ein anegenge, sit er den hete funden der im siner mâge als manegen lazte mit vil tiefen wunden. *Alphart* 232, 1 ez ist ein anegenge. mac ich ez aber gevüegen, dîn leben daz wirt kranc. 68. beraitet 72. spile. *vergl.* 239. 79. heuten 83. fuesse 88. pûecher 89. das 93. dise marter sey v. 99. gewert

211. haben 13. die waerend — schoaae 14. sein genoaae. s. 191, zum Erec 2109. 16. die er 18. welches 36. in 39. ist vor mir 44. meinem 49. sein 53. lebento 54. *der Pleier im Meleranz* 4305 er wânt si wolden in bestân: *des was in unzemuoto. vergleichbar ist das nhd.* unzufrieden, *wofür im holländischen* te onvreden *gesagt wird.* 55. bî *fehlt.* 56. wellen bey beleiben 57. weittoggen 60. nôto was 69. swerten 60. kopf *in der heutigen bedeutung (ebenso* 317. 601. 727) *ist etwas häufiger und älter als es nach dem Mhd. wb. scheinen kann. es steht z. b. bei Ulrich von Türheim Wilh.* 113', er sluoc in vaste ûf den kopf, daz von geiseln alsô ein topf alsô vaste umbe gie. *Zeitschr.* 7, 364. *Tr. kr.* 27252. 34933. 36126 *und noch öfter bei Konrad. aber im Schwanritter* 874 *ist für* und was ain kop gar tur gebriden *zu schreiben* und was ain kovortliure gebriten: *vergl. Engelh.* 2528. 63. als *steht ebenso* 334. 570. 773, *in Wernhers Maria* 166, 17 *ll., in Gottfrieds Tristan* 12173. 68. 92. nun 90. *s. zum Erec* 8131.

312. wachts 17. *das* schit *ist das* dehsschit (*Wolfr. Wilh.* 295, 16), dehsisen 325. 19. vnd stosset ir vnnder die füesse n. *im armen Heinrich* 88. 702 *und im Jüngling Konrads von Haslau* 407 *habe ich* under füeze *hergestellt, im Iwein* 1578 *ist es überliefert. Otfried* 3, 7, 65 wir sculun — thio sina suazi al dretan untar fuazi. *Zeitschr.* 7, 341, 23 *ist zu schreiben* daz âs verdrukte cz under klâ. 22. ze mein gesihte 23. daz vorig. *s. zum Engelh.* 3238. 25. dehse eysen 27. ec vil maniger tage 32. *Schmeller* 3, 639 '*die breinstampf, wo hirse enthülset oder geneut wird.*' 33. brie, *hirse, oder auch buchweizen oder hafer: s. Schmeller* 1, 256, **Lexer** *Kärnt. wb. s.* 40. 34. nun 42. *aus dem treten des breistampfes erklärt sich der beiname* Tritenprein *im Güttenbuche des Wiener Schottenklosters, Quellen und forschungen* (*Wien* 1849) *s.* 185'. 47. ich in nicht 52. newen 54. haben 55. wirde *in das richtigere* wirt *zu ändern ist nicht nöthig. im Helmbrecht steht* 298 *das richtige* erwint, *aber* 242 erwinde, 1800 ziuhe, *wie in Wolframs Wilh.* 232, 10 enbiute *in Kopt und mit*

gebrochenem diphthongen fliehe *bei Ulrich von Wintersteten MSH.* 1, 151'. bite *hat selbst Walther* 82. 16, belibe *der Tundalus* 47, 2, mide und lide *die Gute frau* 381, vermide *Ulrich von Winterstelen MSH.* 1, 143', enbinde *derselbe* 146'. 148', walte 157', lâze 139'. 140'. 141', scheide 139'. 143'. lâze *ein zusatz zu einem liede Neidharts s.* 133, scheide *Wirnt Wig.* 4930, *Heinzelein Minnel.* 944; râte *Winli MS.* 2, 22', twinge *und* bringe *Albrecht von Raprechtswil MS.* 1, 189', bringe *Heinrich vom Türlein* 13434, *Raumeland MSH.* 3, 52'. *vergl. Wilh. Grimm Altd. gespr. s.* 17. 58. vnd sy. *der* schürstap *ist der* ovenstürel 376, *die* krücke *die ofenkrücke.* 59. nun die 67. da ich 69. lasse 73. berait. *s. zum Erec* 5546. 75. purel. *wahrscheinlich ist* bürel *soviel als das nhd.* bürzel. 82. ich not mort 85. *s. Sommer zum Flore* 2435. 96. vmb das 402. *Schmeller* 1, 115 'allgemein *heisst in Altbaiern das hölzerne in der küche oder in der stube über dem ofen angebrachte gestelle holzscheitchen oder lichtspäne zu trocknen* spanasn, spa˘asl, asslstang.' *vergl. Lexer s.* 10. *Konrad von Huslau im Jüngling* 414 in dem oven und ûf der âsen. 3. enczway 4. drumb zay. hierin kann, da an enzwei nicht zu zweifeln ist, schwerlich etwas anderes liegen als drumzei. aus dem französischen tronçon wird nicht nur *rûch* das höfische trunzûn, sondern auch der pluralis trunzen und, nicht ohne einwirkung von drum und drumen, der deutsch klingende pluralis drunzen und drumzen, wohl mit dem singularis drumze, und das deminutivische drunzel. diesem deminutivum entspricht drumzei. denn die mundartliche verkleinerungsform al wird in erweichter aussprache zu ai. nach Schmeller in den Mundarten Baierns s. 108 ist dieses ai am Inn und an der Isar bräuchlich, nagei nägellein, vegai vögelein. eine menge solcher deminutiva bieten die von M. V. Süss herausgegebenen Salzburgischen volkslieder (Salzburg 1865). ich habe sie im Pongau Lungau und Pinzgau gehört, auch in Berchtesgaden, wo das murmelthier (mangolkatz bei Schmeller 2, 599) mankai genannt wird. im Tirol wird, wie Ignaz Zingerle mich freundlich belehrt hat, dieses ai nur im Unterinnthale und Zillerthale, wo die mundart am weichsten ist, gebraucht. ist drumzei richtig getroffen, so bestimmt sich dadurch einiger massen die heimat des dich- vgl. 43 f. ters. dass eine solche mundartliche form in diesem gedichte erscheint darf ungeachtet seines alters nicht befremden. vielleicht ist dieselbe erweichte deminutivform zu erkennen in krupfei bei Rüdiger von Hunkhofen (Hunchofen im Passauer urbarium MB. 28, 2, 167) Kol. cod. 164, 256. 8. s. zu Neidh. 102, 36. Zeitschr. 13, 182. 12. erstriten 20. vergl. 534. die formelhafte redeweise zeigt sich auch in Wolframs daz si den dritten biz niht galt Parz. 2, 21. 21. derselbe vers im Eraclius 4791. 22. über verbieten s. zu Neidh. 50, 11, Zeitschr. 13, 178. 26. zochen krotten. hundskröte, ein verstärktes krote. 29. dann 31. vnderlof 34. ein 38. wenn man so schreibt ergiebt sich die betonung ünkiunt: aber unkúnt ist 276. 752 sicher. 40. troyen 42. tito 44. ye 51. daz ich 54. got wilkumen vnd 60. durschs 61. über das verkürzte praeteritum s. Lachmann zu Walther 36, 33. 64. übelichen 66. nynnders 68. waren sy vberrugge. das weib spann (446) und ficht mit dem rocken (477. 487). *das oberrücke ist der obere abnehmbare theil des rockens.* dies ergiebt die folgende stelle einer Sanctflorianer hs. in Grimms anhange zur *Mythologie s.* XLVII, vnd nympt dan das uberrukch mit dem hor vnd spindl ab dem rokchen. 81. sunst 87. sluoge 88. auch gezugte 90. mynne 95. mere

500. lidt 2. dann. *Rul.* 287, 6. hien erstirbet nieman wan die veigen. *Nib.* 149, 2 dâ sterbent wan die veigen. *Wig.* 10200 ez sterbent wan die veigen. *Tit.* 1799, 4 ez sterbent niur die veigen, die doch vil lihte heime müesten sterben, 3022, 4 jâ stirbet anders nieman wan die veigen. noch in einem gedichte in *Kellers Nachlese zu den fastnachtspielen s.* 49, 26 heur so sterben neur die feigen. 6. waran 7. oder 10. zugkte sy 11. *das liehtschit ist das scheit aus dem lichtspäne geschnitten werden.* J. hg/. 12. daere 15. vbersticho. *vergl.* 726. *dass übersticke auf stecke zurückzuführen ist kann nicht bezweifelt werden; die bedeutung kenne ich nicht.* 17. und] mit 18.

warde 20. nun 32. gen 33. weittegen 36. *vergl.*
622. *das gleichniss ist auch sonst häufig:* Wilh. Grimm zum *Athis E* 146. *Tr. kr.* 33846 die vlecken (*l.* vlocken) von dem kalten snê gevielen nie sô dicke nider alsam die strâlen von gevider ûf die plânie tâten. 44. ze 46. geschuof 47. sundern 51. nâch *fehlt.* 53. *Wolfr.* *Wilh.* 136, 7 trinken des diu nahtegal lebt, dâ von ir süezer schal ist werder dann ob se al den win trunk der mac ze Bôtzen sin. *Eckhart Cas. s. Galli Mon. Germ.* 2, 108 episcopo Bozanarium suum deferunt. 61. zechin 62. stechen. *s.* 569. *die stuhlbeine sind gemeint.* 64. âne wadel, *gerades weges, das gegentheil von* enwadele *Helmbr.* 848. 65. gelechet. *an* gelecket, *das durch den reim geschützt wird, ist nicht zu zweifeln. ähnlich sagt Wolfr.* *Wilh.* 238. 23 si wârn die vart alsô gelegen: ir neheiner mohte des gephlegen, ern wære dem andern gar benomen. 76. schanden 79. weren die liebe leute erlan 80. bellikan 81. ferawisen 91. sölhs 92. drischeln slegen 93. het es *beidemahl.* daz nâch *und* daz vor *ist gemeint.*

607. durch ganczes 12. mich 15. *in dem bildlichen ausdrucke scheint für* krippe *ein anderes wort derselben bedeutung noch üblicher gewesen zu sein: denn aus* ze barne triben *ist das sinnlose* einen zu paaren treiben *geworden.* zum barne bringen *belegt Jacob Grimm D. wb.* 1, 1137 *aus Hans Sachs.* 18. lasse. *das weib gebraucht einen schlachtruf. Dietrichs flucht* 9790 nû rechet iuwern werren und slahet swen ir vindet: niht nâher ir erwindet und lât et einen hin nîht. 20. das 29. wimmer. *maser oder knoten: s. Schmeller* 4, 76. *dadurch war das holz besonders hart und fest.* 31. *die lücke scheint hier zu sein.* 33. nun 40. het sy 42. den 53. *althochdeutsche beispiele von* reiz *giebt Graff* 2, 559. *wie* reiz *zu* rîzen *verhält sich das im Mhd. wb. fehlende* scheiz *(Zeitschr.* 2, 560, *Morolf* 581) *zu* schizen, schrei *zu* schrien. 60. *s. zum Erec* 2109. 64. daz er 74. ettlichen in 76. mit] gewesen mit 77. *über das schelten böser schuldner s Benecke zum Iwein* 7162. 84. swer 92. topho *führt Graff* 5, 385 *aus der Prüflinger handschrift des sa-*

lomonischen glossariums an. das gewöhnlichere toph steht 318. 96. ye gesagen wie

700. einen stählin 1. beraiten 2. Nib. 419, 1 von des gêres swære herret wunder sagen. vierdehalp messe was dar zuo geslagen. *in beiden stellen ist messe nothwendig eine eisenmasse von bestimmtem gewichte. ebenso in des steirischen herzogs Otaker urkunde für die kartause Seiz vom jahre 1152 in Frölichs Dipl. s. duc.* 'Styriae 2, 68, pater meus dederat eis XII modios salis in Grauschar, XX massas ferri in Leuben et unam saumam olei ibidem, decem et novem mensuras mellis in Tyver. *das wahrscheinlich im elften jahrhunderte verfasste rodel der einkünfte des bisthums Cur bei Mohr Cod. dipl. 2, 286 führt massas de ferro und massas mit bestimmten zahlen auf. ebenso steht in dem verzeichnisse der einkünfte des bisthums Passau MB.* 28, 2, 168 item ibidem solvuntur CL masse ferri. 8. schoss 10. mit disem l. l. 13. *zur erklärung von* zoche *weiss ich nichts beizubringen als was ich bei Schmeller* 4, 238 *finde,* 'im Cgm. 653 s. 214 ist zocher so viel als

ast, ramex.' das schit konnte wohl durch ein wort dieses oder ähnliches sinnes bezeichnet werden 19. ze konen scheint hier keinen sinn zu geben. vielleicht ze fromen. 22. haben des. es gereicht meinen freunden zur schande dass sie mir nicht beistehen. drei freunde kommen 764 zu hilfe. 26. vberstiche 28. der kroph (schluck, wie Parz. 132, 2, kröpfelin 487, 9) ist der schlag, den das weib führen will. das verdauen ist hier so verständlich wie in einigen stellen die Wilh. Grimm im D. wb. 2, 838 f. gesammelt hat und in vielen ähnlichen. aber auch in den folgenden des Entekristes war im Mhd. wb. 1, 386' kein anderes douwen anzunehmen: Fundgr. 2, 120, 38 ich weiz, sie die vrowidi douwent die si haptin unrehti, 125, 2 daz er wider gote hât gestrebit, daz muoz er douwin sêre. 33. erparet 40. mochst 41. wiss got 43. wayss got nymmer 47. s. zum Erec 4214. 48. sol ze lugke. Reinmar von Zweter MS. 2, 147' nû rât wie wir diz wiltwilde gelücke behalden, daz ez sich niht von uns zücke. 61. ir] thuot ir 63. kam dar an 66. uns] vnns bed 69. phnurren scheint schnauben zu bedeuten: s. zum Servatius 165.   74. zucktens   81. gehaben, festhalten. er hatte geringe lust den kampf fortzusetzen.   82. mit dem w.   85. vnnder der h.   87. wilwe. in einem oberdeutschen gedichte ist vilwe für velwe auffällig. aber wirme für werme steht im reime auf ungebirme bei Heinrich vom Türlein 17438, innerhalb des verses im Tundalus 44, 32 und in derselben handschrift in der Warnung 1920, wirmen vnd erwirmen in den versen vom himmelreiche die Schmeller in meiner Zeitschrift 5, 145 ff. aus einer Oberaltacher handschrift des zwölften jahrhunderts herausgegeben hat z. 141 und 249. dass jene verse hexameter nachzuahmen versuchen scheint noch nicht bemerkt zu sein.   89. sunst

800. nam des   1 f. Do wir also gesniten vnd daz sy gestriten. was ich gesetzt habe ist nur ein nothbehelf. verwundet sind beide, aber kaum können sie gesniten heissen. 3. zwischen hat schwebende betonung: s. zum Engelh. 3056. 13. dem, wenn nicht vielmehr dein steht.   16. mäuschenstill. in einer von der Hätzlerin abgeschriebenen erzählung

s. 143', 387 diu virwitz swcic reht als ein mûs. *auch niederländisch*, daer sit si stiller dan enc muus *Hoffmanns H. Belg.* 6, 112, 220.